INSCRIPTIONS LATINES
DE
CARTHAGE
(épigraphie païenne)

Par le R. P. DELATTRE

Missionnaire d'Alger

IIIᵉ FASCICULE

Inscriptions provenant de la Cité proprement dite et des Faubourgs

(1884-1886)

VIENNE

E.-J. SAVIGNÉ, IMPRIMEUR-ÉDITEUR

1887

INSCRIPTIONS LATINES DE CARTHAGE

1884-1886

(ÉPIGRAPHIE PAÏENNE)

En continuant la publication des textes païens de Carthage, je diviserai, comme précédemment, la ville en deux parties principales : la cité proprement dite et les faubourgs. Chacune de ces parties se subdivisera en quartiers (1). Cette méthode qui consiste à classer les inscriptions d'après le lieu précis de leur provenance, à comparer et à rapprocher les fragments de textes brisés trouvés dans un même endroit, me paraît s'imposer à l'épigraphiste, à Carthage plus que partout ailleurs, à cause de la déplorable mutilation des monuments.

C'est en la suivant que l'on peut espérer reconstituer, en tout, ou du moins en partie, des inscriptions dont les débris dispersés resteraient pour toujours à l'état de lettre morte. Il est évident qu'en classant les fragments de textes, d'après les divers quartiers où ils ont été trouvés, il y a beaucoup plus de chances d'arriver à un résultat sérieux dans leur rapprochement. Ce résultat a déjà été obtenu pour nos inscriptions chrétiennes de Carthage, qui, le plus souvent, ont été mises en pièces par la main des Vandales et des Arabes.

---

(1) Cette division ne répond pas, il est vrai, aux diverses *regiones* qui partageaient autrefois le territoire de Carthage et sur lesquelles on ne possède que des données insuffisantes. Elle est plutôt basée sur l'état actuel de l'emplacement de l'ancienne ville, et je l'adopte surtout au point de vue pratique afin de faciliter les recherches ultérieures.

On verra d'ailleurs par les remarques jointes à plusieurs numéros de cette nouvelle liste, l'utilité de l'application de cette méthode, car des fragments épigraphiques provenant d'un même quartier, ont pu être réunis et, au lieu de n'offrir que quelques insignifiantes lettres ou portions de mots, ces débris rapprochés commencent à révéler un sens qui pourra se compléter au fur et à mesure que d'autres morceaux viendront se juxtaposer aux premiers.

I. — Intérieur de la Cité

1° La Colline de Byrsa

Les fouilles pratiquées dernièrement sur le sommet de Byrsa, pour les fondations de la cathédrale de Carthage, ont donné lieu à quelques découvertes.

Sur une superficie de 2084 mètres carrés, 89 puits dont 32 de 2^m70 de diamètre, ont été creusés jusqu'en plein sol primitif. La profondeur moyenne de ces puits a été de 4 mètres, mais dans plusieurs d'entre eux, on a dû descendre jusqu'à 7 mètres pour atteindre la terre vierge. On aura une idée exacte de l'importance de ces travaux en apprenant que 3600 mètres cubes de terre ont été remués et enlevés.

Ces fouilles ont cependant fourni peu de textes et de vestiges de constructions primitives. Il en est d'ordinaire ainsi à Carthage, où les ruines n'ont cessé depuis l'occupation arabe d'être la proie constante d'avides chercheurs de moellons, et où toutes les bâtisses en pierres de grande dimension ont disparu, non seulement de la surface du sol, mais même sous terre à une profondeur considérable. Malgré la destruction presque complète des monuments de Byrsa, la couche de décombres qui recouvre le plateau primitif et dont l'épaisseur varie de 2 à 4 mètres et quelquefois davantage, ne laisse pas de renfermer quantité de débris intéressants. Ces restes, même dans l'état de mutilation où on les trouve, témoignent encore des dimensions imposantes et de la splendeur des édifices publics bâtis jadis sur le sommet de cette colline célèbre, qui fut la citadelle et le capitole de Carthage.

Avant que le premier coup de pioche fût donné, des vestiges de construction antique apparaissaient à la surface du plateau. Mais les travaux de déblaiement ne firent constater que des murs droits de citernes romaines dont la voûte avait disparu. On se trouvait donc au dessous du sol des constructions antiques, et ce fait constaté fournissait une preuve évidente que le sommet de Byrsa a été nivelé depuis l'époque romaine, puisque le plateau actuel est inférieur au sol des édifices de cette époque.

Dans la continuation des fouilles on rencontra l'orifice de six grands silos comblés de terre et de pierres. Ces silos remontent à l'époque punique. Ils étaient destinés à conserver, dans la citadelle, les approvisionnements de blé et d'orge pour l'alimentation de l'armée et, en cas de siège, pour celle des habitants. Les vivres pouvaient-ils être mieux gardés que dans la citadelle?

Dans la partie déblayée on a retrouvé les assises inférieures de murs construits en grand appareil et appartenant à la citadelle. Le plan en a été soigneusement levé sous la direction de l'architecte. Je le publierai plus tard avec quelques notes sur les fortifications de Byrsa.

Les puits de fouilles n'ont point rencontré le grès argileux qui, d'après Beulé, existerait presque à fleur de terre et formerait le noyau de Byrsa.

« Si l'on opère des sondages, dit-il (1), on trouve partout le rocher à une faible profondeur qui varie de 2^m35 à 3^m40 ».

Les 89 puits dont la profondeur moyenne de 4 mètres dépasse de beaucoup les fouilles de Beulé, ont permis de constater que le sol primitif de Carthage est formé, non pas d'un grès argileux, mais d'une argile très compacte, de couleur rougeâtre. La pioche des ouvriers de Beulé a dû atteindre les restes des murs de fortification, que le savant, trompé sans doute par les Arabes, aura pris pour le rocher. Il est impossible d'expliquer autrement cette erreur, car il est certain que le grès argileux, dont il parle, n'existe ni à 4 mètres, ni même à 7 mètres de profondeur.

Immédiatement derrière le mur actuel de la cour du grand séminaire, à l'endroit correspondant sur le plan à l'abside du fond de la cathédrale, on a découvert une construction en pierres de taille, contre laquelle était un long bassin, large seulement de 0^m94, mais long de 14^m50 et profond de 7^m10. La forme de ce bassin, le mode de sa construction et surtout la nature de l'enduit, tout indique qu'il appartient à l'époque punique. Il était divisé en quatre compartiments communiquant entre eux dans la partie inférieure. Ce sont des citernes. On en conçoit la nécessité dans une citadelle.

Le massif de pierres de taille présentait à l'opposé de cet étroit

---

(1) *Fouilles à Carthage*, page 5.

et long bassin, c'est-à-dire vers la cour du grand séminaire, la base d'une abside de 1ᵐ67 de rayon.

Dans l'idée d'ensemble que je crois pouvoir me faire aujourd'hui de l'emplacement et de la disposition du temple d'Esculape, cette construction correspondrait à la *cella* de l'*area* sacrée. De cet endroit est sorti, il y a un an, le fragment d'inscription : API qui est peut-être un débris de dédicace à Esculape.

Mais ce qui me paraît le plus concluant, c'est que l'on n'a plus trouvé, en arrière de cette construction, aucune de ces colonnes rudentées en marbre de Numidie, qui formaient le portique de l'area du temple et dont on a découvert de beaux tronçons, à plusieurs reprises, sur l'emplacement de la chapelle de Saint-Louis (1) et des nouveaux bâtiments.

Cet édifice, évidemment d'époque punique, a subi postérieurement des remaniements. On a, en effet, trouvé aux angles, deux grosses pierres cubiques, moitiés d'un piédestal brisé dont la face portait l'inscription suivante :

342

RANIAE FLAVIAE IVLI
ANAE · OPTATAE C · F ·
MATRI FLAVIORVM
FLAVIANI C · P · ET OPTA
TAE C · F · ET · FLAVIANIL
LAE C · F · CO1///MAPOL
S F

Hauteur des lettres, 0ᵐ08. La dernière paraît combinée avec un P.

Près de là, à l'endroit où sera placé le maître-autel, on a trouvé une plaque de marbre blanc brisée en 21 morceaux. On y lit cette portion d'un texte intéressant :

343

////////// oCTAVIO · I //////////
///////// PERPETVO DIVI /////////
/////// *q* VOD · POLLICITVS · MV ///////
/////// AEDEM · CONCORDIA*e* ///////
////// TICIS · ET · RELIQVIS · OR //////
   d   D*i* *·* P   *p*

(1) Cf. Beulé, *Fouilles de Carthage*, p. 18.

Haut. des lettres : 1re ligne, 0^{m}06 ; 2e ligne, 0^{m}05 ; aux autres, 0^{m}035.

Il est curieux de relever sur Byrsa la mention d'un *aedes Concordiae*, d'un sanctuaire de cette déesse à laquelle Rome avait consacré plusieurs temples. L'un d'eux, situé dans la citadelle, datait du commencement de la seconde guerre punique. On voit encore à l'extrémité du Forum, au pied du Capitole, sept magnifiques colonnes surmontées de leurs chapiteaux et de leurs architraves, restes imposants d'un temple de la Concorde.

Cette déesse était souvent invoquée avec *Pax*, *Venus* et *Salus*. La corneille lui était consacrée. Aurions-nous là l'explication des oiseaux de marbre trouvés, au nombre de cinq, dans les fouilles ? L'un formait la volute d'un chapiteau, et les quatre autres devaient aussi entrer dans l'ornementation de pièces architecturales.

Tous les marbres sculptés trouvés sur l'emplacement de la nouvelle cathédrale étaient affreusement brisés. Je me rappelle avoir vu sortir d'un puits un chapiteau d'ordre composite d'un excellent travail, en plus de cent morceaux.

A part deux têtes de statuettes d'un bon style, quelques mains de marbre et un bucrâne en bas-relief, il serait difficile de signaler une pièce de bonne conservation.

Quelques tronçons de colonnes ont cependant échappé à cette destruction. L'un est de marbre cipolin, mais les deux plus remarquables sont en beau marbre vert. Ces derniers mesurent 0^{m}55 de diamètre et environ 2 mètres de longueur. Près de ces restes, gisait dans le sol une base de colonne en marbre blanc, n'ayant pas moins de 1^{m}35 de côté. Une portion d'une autre base semblable apparaissait à peu de distance et on trouva encore une grande demi-base en pierre qui, de l'avis de M. le chanoine Pougnet, architecte de la cathédrale, était destinée à porter une colonne engagée de 9 mètres de hauteur et de 0^{m}72 de rayon. De telles pièces indiquent l'existence d'un édifice grandiose, sans doute du temple de la Concorde mentionné par l'inscription.

Quant aux autres objets provenant des fouilles, il me suffit de signaler une *fenestella* de pierre à imbrications à jour, un mortier de granit, une bêche antique, un hameçon de cuivre, quelques balles de fronde en terre cuite, des lampes, les unes païennes, les autres chrétiennes, plusieurs monnaies romaines et byzantines, des fragments de marbre mêlés à des plaques de serpentine et de porphyre, des poteries grossières et enfin une petite boule d'ivoire de couleur verte et de 0^{m}01 de diamètre, portant gravés sur une face, un losange barré, et sur l'autre, ce nombre :

344
VIIII

Hauteur des caractères, 0^{m}005.

Une seule inscription punique a été trouvée dans ces fouilles. C'est un ex-voto à Tanit et à Bâal.

Outre les textes qu'on vient de lire, des inscriptions chrétiennes brisées (1) et deux marques de potier sur anses de vases, l'épigraphie latine peut encore enregistrer les fragments qui suivent :

345

Trois fragments d'une plaque de beau marbre blanc, épaisse de 0^{m}04, appartenant à la même inscription que le n° 317, trouvé il y a un an.

     a   *b*
///A I///   ///F · D I V ///
              c
/////C V S · A E////
////*or* N A V I T ////

Lettres très bien gravées ; hauteur, 0^{m}065. La moulure qui accompagne les morceaux *a* et *b* prouve qu'ils appartiennent à la première ligne. Le morceau *c* est formé du n° 317, et d'un fragment nouvellement découvert.

Ce texte, dans lequel un empereur était nommé, semble se rapporter au même monument que le n° 343. Je serais même tenté de compléter ainsi, en partie, la première ligne du fragment *c* : PORTICVS AEDIS CONCORDIAE.

346

Débris de plaque de marbre gris :

/////V S · L · /////

Lettres magnifiquement gravées et peintes en roüge ; hauteur, 0^{m}115. Après la dernière on voit le pied d'une autre lettre qui doit être un F. Au-dessous de cette portion de ligne, le marbre existe encore sur une largeur de 0^{m}16, qui ne porte pas de lettres.

---

(1) Ces inscriptions chrétiennes viennent de paraître dans le *Bulletin trimestriel des Antiquités africaines*, n° de nov.-déc., 1885, p. 148, n°^{s} 964 et 965.

347

Débris de plaque de marbre blanc, épaisse de 0ᵐ08 :

////AM////
////TOI///

Caractères assez bien gravés, mais usés; haut., 0ᵐ05. La dernière lettre est peut-être un L et fait penser au capitole de Carthage, qui n'était autre que la colline de Byrsa. Comme je l'ai déjà dit (1), quand saint Cyprien parle du Capitole de Carthage, c'est de Byrsa qu'il s'agit.

348

Débris de plaque de marbre blanc, épaisse de 0ᵐ022 :

///EN///

Haut. des lettres, 0ᵐ13.

349

Sur un morceau de plaque de marbre blanc :

///!// CLVTORIANVS·E Q R S//////

Haut. des lettres, variant entre 0ᵐ015 et 0ᵐ02.

350

Sur un autre débris :

///////V//////
////SC·P·////

Haut. des lettres, 0ᵐ018.

351

Angle inférieur d'une plaque de marbre blanc épaisse de 0ᵐ032.

//////VIII ID MART
////////OS

Haut. des lettres, 0ᵐ02. A la première ligne, R et T sont liés. A la seconde, avant la lettre O, amorce d'une lettre qui doit être un C.

352

Sur un débris de plaque de marbre blanc et gris :

D I S A
I

Haut. des lettres, 0ᵐ03.

---

(1) *Bull. épigr.*, mars-avril, 1885, p. 90.

Enfin sur un marbre blanc, trouvé dans la partie ouest de Byrsa:

////////*Satu* RNINVS
////////// MEDVBIA

Haut. des lettres, 0ᵐ015. La première lettre de la seconde ligne ne se reconnait que par une amorce.

II. — La colline dite de Junon

Vers la fin de 1884, le gouvernement tunisien désirant faire étudier le projet des travaux à exécuter pour amener l'eau de Zaghouan dans les citernes du bord de la mer, chargea M. Jean Vernaz de constater l'existence d'un canal souterrain qui, au rapport des Arabes, se détachait, derrière les grands réservoirs de la Malga, de l'aqueduc romain à son point d'arrivée et allait aboutir vers la mer dans le quartier de Dermèche.

Il était surtout important de vérifier si ce canal mettait en communication les réservoirs de la Malga avec ceux de Bordj-el-Djedid. M. Vernaz fit donc pratiquer des fouilles à l'endroit indiqué par les Arabes et au bout de quelques jours on atteignait l'extra-dos de la voûte du souterrain. J'allais voir ces travaux le 16 décembre 1884 et j'arrivais, en même temps que M. Vernaz, au moment où une brèche venait d'être ouverte dans la maçonnerie supérieure. Cette brèche béante était à peine suffisante pour laisser passer le corps d'un homme. Cependant M. Vernaz, enthousiasmé de sa découverte, pénétra à l'instant dans le souterrain, en m'invitant à le suivre. Je ne pus résister à son invitation et me laissais glisser par la brèche. Munis de bougies et d'une lanterne, nous pûmes ce jour-là parcourir le souterrain sur une longueur d'environ 300 pas, malgré la boue et les pierres qui obstruaient à demi le passage en certains endroits.

L'existence de l'aqueduc était constatée et sa direction paraissait bien être celle des citernes du bord de la mer. Les jours suivants furent employés à déblayer le souterrain, et on y pénétrait sur une longueur de 800 mètres, lorsqu'on reconnut qu'il s'écartait de 350 mètres environ de la direction en droite ligne qu'on lui avait d'abord supposée. Il venait longer le pied de la colline de Junon au nord, et à l'angle Est de la base de cette même colline, le radier effleurait le sol et l'aqueduc disparaissait sans que l'on puisse savoir, si, continuant à ciel ouvert, il allait à gauche regagner les citernes de Bordj-el-Djedid, ou atteignait en ligne droite les thermes publics du quartier de Dermèche sur le bord de la mer, ou enfin s'il allait à droite alimenter d'eau la ville basse, le Forum et les ports.

De distance en distance l'aqueduc retrouvé était percé de regards. L'un d'eux situé au pied même de la colline de Junon fut déblayé et fit découvrir un escalier qui mettait en communication le flanc de la colline avec le canal et permettait jadis de descendre puiser de l'eau.

Quant aux objets antiques, les fouilles n'en ont produit que très peu, et en fait d'épigraphie elles n'ont fourni qu'un fragment de dédicace, trouvé au même endroit qu'une autre dédicace, le n° 290 de nos inscriptions de Carthage. Voici ce fragment, il est gravé sur la face d'un piédestal de pierre :

354

/////ODONATO
///////VIR DO

Hauteur des lettres : 0ᵐ06.

Si l'on n'a pas pu suivre l'aqueduc jusqu'à son point de déversement, on a du moins constaté que sur son parcours reconnu il alimentait d'eau, par des canaux secondaires, plusieurs monuments importants, entre autres les thermes considérables situés derrière le monastère actuel du Carmel et dont j'ai vu il y a quelques années l'hypocauste. C'est là, il est vrai, que plusieurs archéologues ont voulu placer le temple de Saturne. Pour moi, certain que les ruines émergeant du sol à cet endroit appartiennent à des thermes et non pas à un temple, j'y placerais plus volontiers les thermes de Gargilius (*Thermae Gargilianae*) (1), où se tint, en 411, la célèbre conférence des évêques catholiques avec les évêques donatistes, laquelle eut lieu, d'après saint Augustin, *in media urbe* (2) *in spatioso et lucido et refrigeranti loco* (3).

---

(1) Hardouin, *Conciles*, t. I, p. 1054, *ante medium*.
(2) S. Aug. *ad Donatistas post collationem*. Cap., XXV, n° 43. *Patrologie de Migne*, t. XLIII, p. 679.
(3) S. Aug. *ibid.* Cap. XXXV. n° 58. Migne, *ibid.*, p. 689.

C'est dans l'hypocauste même de ces thermes qu'a été trouvé le peigne d'ivoire liturgique de notre collection. On sait que ces sortes de peignes ornés de symboles chrétiens étaient ordinairement réservés au clergé. Encore de nos jours, dans les cérémonies du sacre des évêques, le *pecten eburneus* est employé.

En construisant la chapelle de N.-D. de la Melliha, on a reconnu une série de bassins rectangulaires. Près de là, M. Nappa vient de déblayer plusieurs citernes. Les unes sont larges et profondes comme les citernes romaines, et les autres larges seulement de 1ᵐ10 sont étroites comme la plupart des réservoirs d'eau des maisons carthaginoises d'époque punique. Elles étaient remplies de terre, de pierres et de poteries. Parmi ces dernières se remarque un grand nombre de lampes chrétiennes. On y a aussi trouvé une épitaphe chrétienne brisée, une estampille circulaire de brique romaine (//// TICIS), un débris de poterie avec les lettres B C L écrites à l'encre rouge et ce fragment de plaque funéraire (1) :

355

| INVENTA////|*vixit*
| ANVD*ieb*////////

Hauteur des lettres, 0ᵐ02.

A 6ᵐ50 en contre-bas des citernes, une colonne de marbre bleuâtre à cannelures concaves et obliques a été retrouvée en place. Le plan des citernes et des constructions attenantes a été soigneusement relevé et on y a marqué l'endroit précis de la colonne.

L'inscription qui suit a été ramassée parmi les pierres qui jonchent le sol de la colline de Junon :

356

///SALVI·QVI*nti*///

Hauteur des lettres, 0ᵐ035. Elles appartiennent à la dernière ligne du texte.

---

(1) On a encore trouvé un marbre épais de 0,035 portant deux lettres ///AR/// hautes de 0,06 et bien gravées. Il offre cette particularité que le côté de l'inscription est simplement moucheté à la pointe, tandis que la face opposée est polie.

III. — Le plateau de l'Odéon

Si du sommet de la colline de Junon les regards se portent à une distance de 400 pas environ, vers le village de Sidi-Bou-Saïd, ils rencontrent un terrain de forme demi-circulaire dont les talus laissent apercevoir des restes de voûtes inclinées.

C'est là que je crois avoir retrouvé l'emplacement de l'Odéon, dont Tertullien parle en ces termes (1) : « *Sed et proxime in ista civitate quum Odei fundamenta tot veterum sepulturarum sacrilega collocarentur; quingentorum fere annorum ossa adhuc succida et capillos olentes populus exhorruit* ».

Ces antiques sépultures (*veteres sepulturae*) signalées par Tertullien, sont venues me confirmer dans la découverte d'un monument que révélaient déjà seuls l'aspect et l'examen du terrain. Après avoir découvert des tombeaux d'époque punique au-dessous de l'arête supérieure des deux collines de Byrsa et de Junon, il était naturel de penser que la colline suivante devait aussi renfermer des sépultures placées dans les mêmes conditions et voilà qu'y reconnaissant à la seule inspection du sol l'emplacement de l'Odéon, nous apprenons par Tertullien qu'en creusant les fondations de ce théâtre, vers la fin du IIe siècle, on trouva des tombeaux d'époque punique.

L'induction tirée des sépultures carthaginoises des deux premières collines et la conformation de la troisième concourent donc à établir que c'est bien l'emplacement de l'Odéon que nous avons retrouvé. Ch. Tissot, dans sa *Géographie comparée de la province romaine d'Afrique* (2), n'hésite point d'ailleurs à m'attribuer cette découverte. Mais, dans son exposé, on ne voit pas qu'il se soit bien rendu compte de l'emplacement précis de ce monument, car il paraît le confondre avec la construction en forme d'abside de 13^{m}50 de diamètre seulement que nos fouilles ont mis à jour sur la colline même de Junon.

Un vieillard du village de la Malga m'a rapporté que, dans sa jeunesse, il a vu retirer du terrain de l'Odéon de grandes jarres à petit orifice. Ce devait être des *dolia*. L'an dernier des bergers s'amusant à élargir un terrier de renard, à gauche du talus en fer à cheval, déterrèrent une tête de statue en marbre. Déjà

(1) *De la résur. de la chair*, chap. XLII
(2) Page 654.

auparavant on avait trouvé dans le terrain de l'Odéon, une estampille punique sur une anse d'amphore et une marque de potier romain sur une brique.

Enfin c'est sur le plateau s'étendant au-dessus de l'Odéon jusqu'aux remparts de la cité, entre les deux chemins de Sidi-Bou-Saïd qu'a été ramassé ce fragment de marbre funéraire :

```
           357
      D ⁻ M · s / / / /
      S I L V / / / / / /
      V I X / / / / / / /
      H · S · E / / / / / /
      M / / / / / / / / /
```

IV. Dermèche

En faisant connaître pour la première fois ce quartier dans le *Bulletin épigraphique*, je disais en note que ce nom provenait peut-être du mot latin *Thermae* (1).

Cette étymologie de l'expression arabe *Dermèche* a été confirmée depuis par la découverte d'une inscription monumentale, qui prouve l'existence de thermes publics en cet endroit où on avait cru reconnaître l'emplacement d'un théâtre, d'un gymnase et d'une basilique.

Voici comment le *Journal officiel tunisien*, dans son numéro du 16 avril 1885, a annoncé cette découverte, en même temps que celle de sépultures puniques :

« On sait que parmi les travaux à exécuter pour assurer l'alimentation en eau de la banlieue de Tunis figurent les travaux de mises en état des citernes de Bordj-Djedid, et les visiteurs de Carthage n'ignorent pas que les recherches entreprises par M. Jean Vernaz, sur l'ordre de M. Grand, directeur général des travaux publics, ont fait découvrir un aqueduc souterrain de 800 mètres de longueur, partant de la Malga, passant au nord de la colline de Junon et débouchant sur le versant Est des collines de Carthage.

---

(1) *Bull. épigr.* mai-juin 1884, p. 106.

« Des fouilles plus récentes, entreprises dans le même but, au voisinage immédiat des citernes, ont donné des résultats d'un intérêt archéologique beaucoup plus considérable.

« En premier lieu, on a retrouvé et on a pu rétablir la communication souterraine de dimensions considérables (environ 1^{m}70 de largeur sur 3^{m}50 de hauteur) qui existait entre l'angle S.-E. des citernes et le monument portant le n° 67 de la carte de Falbe, dont les ruines imposantes s'élèvent au bord de la mer, au sud de Bordj-Djedid ; cet aqueduc a une longueur de 300 mètres environ.

« Le long de cet aqueduc, et à une profondeur variant de 4 à 6 mètres, 22 tombeaux phéniciens de la première époque, entièrement taillés dans le roc, sans adjonction de maçonnerie, ont été déblayés ; il a été retiré une soixantaine de vases phéniciens de diverses grandeurs, de nombreuses lampes également phéniciennes, et quelques poteries étrusques dont les dessins noirs sur fond gris ou brique sont parfaitement conservés.

« Mais la découverte la plus intéressante est, sans contredit, celle d'une inscription latine de 1^{m}50 de longueur, trouvée dans les fouilles faites sur l'emplacement du monument n° 67 de la carte de Falbe, dont la destination primitive n'avait point encore été déterminée d'une façon précise. Dureau de la Malle en avait fait un gymnase, d'autres archéologues un théâtre; le P. Delattre était tenté, par le rapprochement du mot arabe Dermesch et du mot romain Thermae, de lui donner le nom de Thermes. L'inscription trouvée par M. J. Vernaz et que nous ne pouvons publier aujourd'hui met fin à toute discussion, confirme cette dernière version par le mot *Thermis* qui y figure en entier et fixe la date de la construction du monument par le nom de l'empereur auquel il est dû. »

Ainsi fut annoncée cette découverte.

L'administration des travaux publics se réserve de publier prochainement l'inscription. Quoique malheureusement incomplet, ce texte nous apprend que les Thermes en question ont été construits ou peut-être seulement restaurés et embellis avec l'autorisation (*ex permissu*) de l'empereur Antonin et de la famille impériale, vers l'an 145, époque où Antonin était consul pour la quatrième fois. Cet empereur y est appelé T·AELIVS· HADRIANVS et porte les surnoms honorifiques de *Germanicus* et *Dacicus*. On devait aussi y lire celui de *Mauricus*.

Les travaux entrepris au milieu du IIe siècle pour ces vastes thermes semblent avoir été exécutés à l'occasion de la construction de l'aqueduc de Zaghouan que l'on attribue à l'empereur Hadrien. C'est du moins ce que l'on peut conjecturer du participe FV*i*VRAM ou FV*s*VRAM qui, placé dans l'inscription avant le mot THERMIS, suppose le substantif AQVAM.

Pendant la découverte du conduit souterrain de la Malga, des ouvriers italiens extrayant des matériaux de construction des ruines du grand escalier situé derrière le Bordj-el-Djedid, trouvaient un amas de morceaux de marbre cipolin provenant d'énormes colonnes brisées. Ces ouvriers évaluaient à 100 mètres cubes environ la quantité de marbre cipolin qui se trouvait là mêlée à des débris de corniches, de chapiteaux, de bas-reliefs et de chancels. Ils y recueillirent aussi une monnaie (grand bronze) et plusieurs fragments d'inscriptions dont voici les deux principaux :

358

Angle supérieur de droite de la face d'un piédestal :

```
///// O · TI · F ·
////// ! TINO
////////// O
```

Haut. des lettres, 0^{m}085. A la 2e ligne I et N sont liés.

359

Angle de droite de la partie supérieure d'une autre dédicace :

```
/////// ISIDIO
////// COS ·
////// VB · LEG //
////// ISIANI
```

Haut. des lettres : à la 1re ligne, 0^{m}045 ; à la seconde, 0^{m}04, et aux deux autres, 0^{m}025.

Le quartier de Dermèche est peut-être celui de Carthage où l'on rencontre le plus d'antiquités de tous les âges. Des tombeaux, des citernes, des stèles et des poteries y représentent l'époque punique. Les mosaïques, les débris de bas-reliefs et de statues, des portions de textes lapidaires, quelques cadrans solaires appartiennent à la période romaine. On y trouve des lampes de toutes les époques. Il y en a de phéniciennes, de grecques, de romaines, de juives et surtout de chrétiennes. Il en est de même des monnaies. On en rencontre des puniques, des romaines, des vandales et des byzantines. Ces jours derniers, on en a même trouvé une numidique de Ptolémée.

Un petit bronze de notre collection, représentant un animal, provient également de Dermèche.

Enfin, voici la liste des inscriptions latines qui, avec les stèles phéniciennes, quelques estampilles de poteries grecques et romaines, plusieurs épitaphes chrétiennes brisées et les textes donnés ci-dessus, forment toute la moisson épigraphique de ce quartier pendant ces deux dernières années :

360

Fragment de plaque de pierre (*kadel*), épaisse de 0ᵐ045.

```
//////ALO///////
////GNOSCE/////
////MAFESTATV////
```

Haut. des lettres, 0ᵐ055. Celles de la première ligne ne se reconnaissent que par des amorces. Les T dépassent les autres lettres.

Le style des caractères est le même que dans notre dédicace (1) du proconsul Julius Festus à l'empereur Valens, où se lit la formule : VICE SACRA COGNOSCENS, que je crois retrouver dans ce fragment.

361

Plaque de marbre blanc, longue de 0ᵐ55 et large de 0ᵐ30, provenant d'une double inscription monumentale dont j'ai déjà publié un fragment (nᵒˢ 242-243) trouvé dans le village de la Malga, où il aura été apporté par quelque chercheur de pierres. La plus ancienne inscription est gravée en beaux caractères hauts de 0ᵐ14 et la seconde, de basse époque, en lettres de mauvais style, hautes cependant de 0ᵐ15.

1ʳᵉ face	N° 242
///*di* VINE*rvae*///	///B·IT////
////*p*ONT*max*///	
2ᵉ face	N° 243
///LI▼I////	////RIV////
///ANO▼///	////PER////
///TICVS//	

Les deux I de la 1ʳᵉ ligne de la seconde face ne sont point d'une lecture certaine. L'espace qui les sépare permet cependant de supposer un signe de ponctuation.

---

(1) N° 244 de nos *Inscriptions de Carthage*.

362

Débris de tablette de marbre blanc, épaisse de 0ᵐ016.

////ARVM////
////ANNI·M///
////TI DIV///
///////C//////

Haut. des lettres, 0ᵐ04. A la 3ᵉ ligne V est peut-être un X. La dernière lettre ne se reconnaît que par le sommet.

363

Autre débris de tablette de marbre blanc :

////DA///
////POP//

Haut. des lettres 0ᵐ05. Amorce d'un A avant la première et d'un V après la dernière.

364

Sur la face d'un dé de pierre, haut de 0ᵐ80, large de 0ᵐ57, épais de 0ᵐ47, inscription entière gravée dans un cartouche :

```
SEXTO·ATILIO
ROGATIANO PRP
HEREDES·EIVS
CVRANTE P·NO
NIO FELICE PRP·
E·V·   SOCERO
EIVS ☙
```

Haut. des lettres, 0ᵐ045.

365

Au revers d'un débris de frise de marbre blanc :

///IS·TRI////

Haut. des lettres, 0ᵐ09.

366

Sur un fragment de plaque de mabre blanc épaisse de 0ᵐ055 :

////////S
////SIVS

Haut. des lettres, 0ᵐ06.

367

Sur une plaque de *saouán* haute de 0m47 et large de 0m34 :

```
// RANILLAE
/// I A N A E
// ILIANAE
///////////////
```

Haut. des lettres : 1re ligne, 0m09 ; 2e ligne, 0m085 ; 3e ligne, 0m075. La première de la 2e et de la 3e lignes, en partie disparue, n'est pas certaine. A la 4e ligne, amorces de lettres que je n'ai pu déchiffrer.

368

Plaque de marbre blanc, épaisse de 0m05 :

```
/// ALE ///
/// TE·IV ///
/////N/////
```

Haut. des lettres, 0m09. Avant l'N, A ou R.

369

Sur un débris de pierre bleuâtre :

```
/// seX·F·RES ///
////S·    S·////
/////L·  PH////
```

Haut. des lettres, 0m025. A la fin de la première ligne, moitié inférieure de deux lettres, peut-être TI.

370

Sur une plaque de *saouán*, épaisse de 0m055, trouvée entre la maison de Si Zarouk et le palais de Mustapha ben Ismaïl :

```
// vixit ANNIS ///
////MAIORI ///
//// VIXIT ANnis //
////GARI/////
/////I·S///////
```

Haut. des lettres : aux trois premières lignes, 0m04 ; aux deux autres, 0m075.

371

Sur une plaque de pierre (*saouán*) longue de 0m30, large de 0m16 et épaisse de 0m05 :

```
ΕΥΜΥΡΙΟΥ ///
ΛΛΟΥΔ ////
ΝΑΤΟCΕ ////
```

Haut. des lettres variant de o^mo3 à o^mo4. Il y a peut-être un point après le C de la dernière ligne.

372

Autre inscription grecque sur un débris de plaque de marbre, épaisse d'environ o^mo3.

/ / / CONAEKAIA / / /
/ / / IEC MOCAC / / /

Haut. des lettres, o^mo4. A la deuxième ligne, il ne reste que la moitié supérieure des lettres. La dernière pourrait être un E ou un O.

373

Sur un débris de tablette de marbre blanc :

/ / / O R · C O / / /

Hauteur des lettres, o^mo3.

374

Inscription funéraire gravée sur un marbre blanc :

DIS M A*nibus sacrum*
R O D O P H / / / / ·
/ / / / / / / V I*xit annis*

Haut. des lettres : à la 1re ligne, o^mo5 ; à la 2e, o^mo45.

375

Autre débris d'épitaphe :

    d   *m*   S
/ / / · *Fla*V I A F A V
stina? pia V I X I T A
nnis · / / / / · X X V

Haut. des lettres, o^mo2.

376

Encore une épitaphe :

DIS · M*an. sacr.*
A T H *eneus* / / /
P I V S *vixit an*
nis / / / / / / / / /

Haut. des lettres, o^mo3. Le *cognomen* ATHENEVS ne se rencontre pas dans les tables du VIIIe volume du *Corpus*. Mais j'ai déjà trouvé à Carthage le tombeau et l'épitaphe d'un affranchi de ce nom. (*Bull. épigr.* Inscriptions de Carthage, n° 75.)

377

Sur un débris de plaque de marbre blanc, trouvé près de la haie du jardin de Si Zarouk :

/ / / T V M /

Haut. des lettres, 0ᵐ07. Avant la première, un C ou un R. Au-dessous, amorces d'autres lettres.

378

Sur un fragment de tablette de marbre blanc, épais de 0ᵐ02, trouvé par le P. Roelens, près des thermes, sur le bord de la mer :

/ / / / / L / / / / / / / /
/ / • Q·RVTILIVs / / /
/ / / / ·A·L F I V s / / /
/ / / / / V V / / / / / / /

Haut. des lettres, 0ᵐ012. La première de la 2ᵉ ligne est peut-être un L.

379

Je termine cette liste des inscriptions trouvées à Dermêche par le fac-simile d'un marbre portant des lettres hautes de 0ᵐ18, et d'une forme originale rare à Carthage :

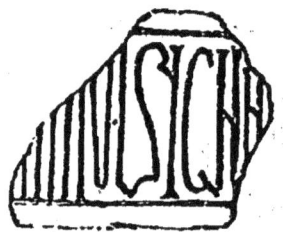

Je suis tenté de lire ce texte de la façon suivante : IN HOC SIGN.... Mais je ne puis déchiffrer la dernière lettre.

V. — Le quartier du Forvm

Ce quartier nous a fourni dans ces derniers mois deux fragments appartenant à l'inscription n° 282, qui a donné à Ch. Tissot et à M. Mowat, la matière de notes intéressantes (1).

Voici ces deux débris:

380

```
      a                        b
//////////////         ////  ∽ LXIIII
////VFERitani          ////  ∽ XV
//THISIPITani
```

Fragment *a*. Haut. des lettres, 0ᵐ028. A la 1ʳᵉ ligne, amorce d'un O ou d'un C au dessus de F. A la 2ᵉ, peut être SVFERITANI. A la 3ᵉ, la lettre P n'est pas certaine. Ce pourrait être aussi bien un B ou un R. L'ethnique donné par cette ligne est donc THISIPITANI, ou THISIBITANI ou encore THISIRITANI qu'il serait facile de rapprocher de noms déjà connus de localités africaines.

Fragment *b*. Il appartient à la fin des deux premières lignes du texte.

381

L'inscription suivante, trouvée près des anciens ports, serait d'un grand intérêt si elle était entière. Elle est gravée sur une plaque de marbre blanc épaisse de 0ᵐ03.

```
////RIB·NOST///
////ARIORVM
////daTVINI Q
////DAT·VINI Q
///dAT·         X
///dAT·VINI XI·
////////T ·!///
```

Haut. des lettres: 1ʳᵉ ligne, 0ᵐ03, 2ᵉ ligne, 0ᵐ02 ; aux autres lignes, 0ᵐ01. Après la lettre T· de la dernière ligne, amorce d'une autre lettre. La dernière lettre de la 3ᵉ, 4ᵉ et 5ᵉ ligne est barrée.

---

(1) *Bulletin épigraphique*, 1884, p. 209. M. Schmidt dans ses *Addimenta* au VIIIᵉ volume du *Corpus*, n° 452 (*Ephem. Epigr.*, V), lit à la 3ᵉ ligne de ce texte : ////CENNENSES. Mais la première lettre est bien un N et non un C. On ne peut donc lire que ////NENNENSES.

382

J'ai déjà cité, en parlant de ce quartier, une belle mosaïque représentant la toilette de Pégase. Cette mosaïque, aujourd'hui détruite, portait inscrit dans un médaillon le nom du cheval mythologique

PEGA*sus*

VI. — Douar-ech-chott

Ce village marque, à mon avis, la limite de la cité de Carthage vers le S.-O. On y trouve surtout des débris d'épitaphes qui indiquent dans le voisinage l'emplacement des cimetières que les Romains avaient coutume de fixer hors de l'enceinte de leurs villes. J'ai publié ailleurs les inscriptions chrétiennes. Voici les païennes :

383

D M *s*
VENE / / / / /

Haut. des lettres, 0^m015.

384

POSTVM / / /
FORTV / / /

Haut. des lettres, 1re ligne, 0^m05, 2e ligne, 0^m033.

385

d M · S ß
/ / / / P O N I
/ / / / / / / / /

386

vixit annis / / / I · M E N S
/ / *diebus* / / · H · VI · H · SE

Haut. des lettres, variant de 0^m015 à 0^m02.

L'épitaphe suivante m'a été donnée par M. Cambiaggio comme ayant été apportée de Douar-ech-chott. Cette épitaphe d'une *Mahonaise* est gravée sur une plaque de marbre large de 0^m11, longue de 0^m16 et épaisse de 0^m04 :

387

D M S
VALE· RI · A ·A·TI· LI·A
NA · PI ·A· MAGON·
TANA · VI · XIT·
AN ·NIS· XXXI·$\overline{\text{M}}$·V·

Haut. des lettres, 0ᵐ015. Les A ne sont pas barrés. Je reproduis exactement dans cette copie la ponctuation. Les troix X de la dernière ligne sont figurés par trois barres obliques traversées par une quatrième.

388

Inscription trouvée dans les ruines du cirque:

/ / / / C A N I V s
/ / / / V M B I L I V s

Haut. des lettres, 0ᵐ01.

389

Débris d'une plaque épaisse de 0ᵐ06 à 0ᵐ07 dont la face était encadrée d'une moulure; également trouvé dans les ruines du cirque:

H / / / / /
E T · / / /
S A C / / /
L O C / / /

Haut. des lettres, 0ᵐ027. La première de la 4ᵉ ligne, n'est pas certaine.

390

Encore un débris provenant des environs de Douar-ech-chott:

/ / / / O N / / / /
/ / / COH·AT / / /

Haut. des lettres, 1ʳᵉ ligne, 0ᵐ06, 2ᵉ ligne, 0ᵐ03.

VII. — LA MALGA

Notre musée possède, depuis deux ans, une inscription découverte entre le village de la Malga et la gare du même nom, appelée aussi Station de Saint-Louis. C'est une dédicace dont le début manque, mais qui paraît avoir été faite en l'honneur de l'empereur Dioclétien. On y lit les titres suivants: *heureux, invaincu, auguste, grand pontife, grand vainqueur des Perses et des Germains, honoré de la puissance tribunice pour la deuxième fois, consul pour la seconde fois, père de la patrie et proconsul.*

L'auteur de cette dédicace est un *curator* de la république de Carthage, nommé *Caius Valerius Gallianus Honoratianus*. On connaît une autre dédicace du même genre, trouvée à Carthage entre les ruines du cirque et le lac de Tunis, mais gravée en l'honneur de Constantin le Grand (*C. I. L.*, VIII, nᵒ 1016).

Voici notre inscription :

391

////////////////////////////
FELICI · INVICTO · AVG · PONT · MAX
PERS·MAX · GERM·MAX · TRIB·
POTEST · II · COS · II · PP · PROCOS·
C VALERIVS · GALLIANVS · HONO
RATIANVS · VC CVR · REIPVBL
KARTHAGINIS · NVMINI
MAIESTATIQ · EIVS · DICA
TISSIMVS

Haut. des lettres, diminuant de la première à la dernière ligne, de 0ᵐ06 à 0ᵐ04.

Ce texte, déjà publié plusieurs fois, ne l'a pas encore été exactement. Je crois pouvoir garantir la copie que j'en donne ici.

392

Fragment de plaque de marbre blanc épaisse de 0ᵐ04; trouvé également près du village de la Malga :

/////////GALBAE
///// PIRI · CARBONIS
////////NI·BESTIA //

Haut. des lettres, 0ᵐ02. Avant l'N de la dernière ligne, amorce d'un R, d'un B ou d'un P.

On connaît dans l'histoire deux consuls du nom de *Papirius Carbo*. L'un (*Caius*) fut consul l'an 120 avant notre ère. C'était un ennemi de Scipion et un ami des Gracques. Cicéron a vanté son éloquence. L'autre (*Cnaeus*), auteur de l'*Edit Carbonien* fut trois fois consul. Il prit chaudement le parti de Marius contre Sylla, mais vaincu par Pompée, il fut mis à mort l'an 82 avant notre ère. Si cette inscription remontait au temps d'un de ces deux *Papirius Carbo*, ce serait un des plus anciens textes latins qu'ait fournis l'Afrique. Dans ce cas, le *Galba* de la première ligne de notre fragment pourrait bien être *Sulpicius Galba* qui fut consul l'an 144 avant notre ère et que Cicéron cite comme le meilleur orateur de son temps (1).

---

(1) Je crois que ce fragment peut se restituer, autant que possible, de la manière suivante: [*Sex. Sulpici*] *Galbae*... [*Cn. Pa*]*piri Carbonis*... [*L. Calpu*]*rni Bestia*[*e*]. Le premier de ces personnages fut

2ᵉ Partie

Inscriptions trouvées extra muros civitatis

I. — Damous-el-Karita

C'est dans le terrain qui porte ce nom, que nous avons découvert, avec un cimetière chrétien, une vaste basilique dont les ruines, naguère encore cachées sous un sol uni remué chaque année par la charrue, occupent un espace d'un demi hectare environ. Le monument sacré n'avait pas moins de neuf nefs. L'emplacement de l'*area* ou parvis, du portique et de l'entrée, ainsi que celui du *ciborium* de l'autel, des chancels et du baptistère, a été retrouvé. Plus de cent colonnes ornaient cette basilique. Les débris de bas-reliefs, de sarcophages, de mosaïques se comptent par centaines. Mais ce sont surtout les inscriptions funéraires dont le nombre est prodigieux. Dans l'état actuel des fouilles qui ne représente pas la moitié du travail complet, plus de 6,000 morceaux d'épitaphes ont été exhumés. Une partie de ces textes a déjà paru dans les *Missions Catholiques*. La suite sera publiée dans le prochain volume du *Recueil des notices et mémoires de la Société archéologique de Constantine* (1).

Les fouilles ont cependant rencontré, quoique en fort petit nombre, des textes païens antérieurs à la construction de la basilique. Nous en formons ici une liste à part.

393

Sur une tablette de marbre blanc:

```
/// ELNMDLECTVS EANDEM
/// · ET LVDOS · FECIT · EX CONS
/// IN · LOCVM CN CALVINII
/// A V I · S V I
/// AleXANDRI · L · ALEXANDER
```

consul en l'an 108 avant notre ère, le second en l'an 113 et le troisième en l'an 111. Le Cn. Papirius Carbo auquel je songe dans ce groupement de personnages historiques contemporains doit être celui sous les ordres duquel l'armée romaine mit le pied pour la première fois en Numidie et qui conclut avec Jugurtha un traité peu honorable. L'inscription est sans doute de beaucoup postérieure aux évènements qu'elle paraît avoir mentionnés. L'amorce de lettre, au commencement de la troisième ligne, me paraît appartenir indubitablement à un R, sur l'estampage très net que le R. P. Delattre a bien voulu m'adresser. — [R. Mowat].

(1) Un compte-rendu des *Fouilles de la basilique de Damous-el-Karita, en 1884*, se vend à Tunis, chez Démoflys, libraire (Prix, 3 fr.). Cette brochure est accompagnée de 66 dessins, vues, plans, restitutions, etc.

Hauteur des lettres, 0ᵐ015. Des quatre premières, la seconde seule est certaine. La lettre M doit être conjuguée avec un A.

394

Sur une plaque de marbre :

// A V G //

Beaux caractères, hauts de 0ᵐ10, appartenant à la première ligne du texte.

395

Sur une autre plaque de marbre, partie inférieure d'une inscription :

/ / / tRANS PADANIS CONFLIXIT / / /
/ / / / / M / / / VS·HOSTIVM·CAESIS / / /
/ / / / / / / CEPIT · ET · CAS / / / / / / /

Hauteur des lettres, 0ᵐ03.

396

Sur une plaque de marbre :

/ / / PARTHICI / / /
/ / / / POTES / / / /

Hauteur des lettres, 0ᵐ06.

397

Sur une plaque de marbre blanc :

```
            0.30
    ┌─────────────┐
    │ M P P · D I C │
    │  I N T A C T  │
    │               │
0.51│   / / / / / / │
    │       C E     │
    │ FIDELIS IN PA │
    │ MVNIFRIDA     │
    └─────────────┘
```
(les deux dernières lignes sont inversées / renversées)

Hauteur des lettres de l'inscription supérieure, 0ᵐ08 ; de l'inférieure qui est une épitaphe chrétienne, 0ᵐ03 (1).

---

(1) Les hachures représentent une portion martelée de l'inscription supérieure. On y reconnaît les deux premières lettres de la ligne : CV.

398

Sur un débris de plaque de marbre :

///VL · VEN///
///PVERI · DE///
///M · PARVI///

Hauteur des lettres, 0ᵐ017.

399

Trois morceaux d'une plaque de marbre blanc épaisse de 0ᵐ023 :

a	b	c
E C I	L V S H A	IDORE PARATIS
	T V D I G I	////PICIP////

Hauteur des lettres, 0ᵐ055. La dernière du fragment *a* paraît être un H. Celles de la seconde ligne des fragments *b* et *c*, n'existent que dans leur moitié supérieure et par conséquent plusieurs sont d'une lecture douteuse.

Les inscriptions qui suivent, à part le numéro 413, sont des épitaphes ;

400

D M s
cAECIL · ///

H. des lettres, 0ᵐ025.

401

/// AEIT · B ///
// vIXIT · Annis //

H. des lettres, 0ᵐ015.

402

///NNO · I///
///SACER///

H. des lettres, 0ᵐ037.

403

D M s
///IA·L·FIL///
///ᴁMATE///

H. des lettres, 0ᵐ017.

404

///PEIO///
///KEO///
///EM//

Au revers du n° 403 (1).

405

d M S
/////LTIVS · IVCVN
dus pius vivit... M · XI . DX

H. des lettres, 0ᵐ025.

406

d M S
///O · NI · A · HI · LAra
pia vixit annis ////

407

d m S
///TORI

H. des lettres, 0ᵐ02.

---

(1) Dans cette inscription, les E sont lunaires.

408
////ISS////
///I·QVA·E·V·//

H. des lettres, 0ᵐ02.

409
d M S ⊃
///ARMORARIA
///cARISSIMa
pia vixit aNNis///

H. des lettres, 0ᵐ018.

410
h s E
///maRTIALIS
///cariSSIMAE
feciT

H. des lettres, 0ᵐ04.

411
dis maN·SAC
////RIA·PI///

H. des lettres, 0ᵐ028.

412
////////i/
LIBERIS PO////
H ⁊ S

413
///ART·
///ART·

H. des lettres, 0ᵐ03.

414
vixit ANNIS·XLVI

Aux environs de Damous-el-Karita :

415
dis MaNIBVS sacrum
////IA·SEVera
///LF////////

H. des lettres, 0ᵐ027.

416
////////
////AE·LIB·
viv. anNIS·XX·

H. des lettres, 0ᵐ017.

417
//pia vixit annis
///II·H·S·e
HoRTENSIVs
fecIT·VXOri
suAE·F///

Hauteur des lettres, 0ᵐ02. La dernière est peut-être un E.

II. — Sidi-Bou-Saïd

Notre collection épigraphique, grâce à la générosité du général Bacouche, possède les deux inscriptions suivantes trouvées en faisant la route qui descend de Sidi-Bou-Saïd au bord de la mer.

419

La première est la moitié d'une épitaphe gravée en beaux caractères sur une pierre bordée d'une moulure :

```
       Dis  Man  saC
//////// A L E
//////// N · L I
        h . s · E
   /// mo N V M E N T
   um bene  M E R E N T I
//////  S · P · F
```

Les lettres vont en diminuant de hauteur, de la première à la dernière ligne, c'est-à-dire de 56 millimètres à 23. Dans le mot *monumentum*, ME, NT sont liés.

420

La seconde est aussi une épitaphe :

```
       D  M  s
   HEREN nia Na
   PE PIA vix. an.
   XXIIII · ////
```

Les tables du *Corpus des Inscriptions d'Afrique*, ne donnent qu'un seul cognomen féminin dont PE soit la dernière syllabe. C'est *Merope*. Mais nous avons déjà trouvé à Carthage le cognomen *Nape* qui me paraît mieux convenir ici à la restitution de cette épitaphe.

421

Partie inférieure d'une autre épitaphe, trouvée dans les terres situées au pied du village :

```
EREPTO TENE
RA · A E T A T E
T H A R S I C I V S
N V T R I T O R  P E R E
GRE SOLATVS ABEo
```

Mauvais caractères, hauts de 0ᵐ02. A la première ligne, les deux dernières lettres sont liées.

422.

Autre débris d'épitaphe :

```
  D i s  m A N · S A c
/ ! / / /  ACATA · V · AN
 nis / / / / / / / / / /
```

Hauteur des lettres, 0ᵐ025.

423

Trouvé dans le village même, débris d'une plaque de *Saouân* :

```
/ / / / O N S V / / / /
```

Hauteur des lettres, 0ᵐ035. Elles appartiennent à la dernière ligne du texte.

424

Dans les terrains du palais archiépiscopal, plaque de marbre brisée :

```
MITTERET · PRO
/ / / T / / / / / / / / / /
```

Hauteur des lettres, 0ᵐ08.

III. — LA MARSA

Je disais, il y a trois ans, dans le *Bulletin épigraphique*, que malgré l'absence presque complète d'inscriptions d'époque païenne provenant de la Marsa, j'étais d'avis que cet antique faubourg de Carthage devait cacher sous ses jardins et ses plants d'oliviers, bien des monuments épigraphiques. Trois épitaphes de bonne époque, trouvées récemment sous les oliviers qui avoisinent la station de ce village, commencent à confirmer mon assertion. Voici ces épitaphes :

425

Q · POMPEIVS · NAVS
PIVS · VIX · ANN · XVIII
H · S · E
Q · POMPEIVS · QVIETVS
PIVS · VIX · ANN · X · H · S · E

426

SABINVS
PATRICIVS
DVLCIS
SIMO

Hauteur des lettres, 0^m05. Le mot *Patricius* paraît avoir été ajouté après coup. Aussi les lettres qui le composent n'ont que 0^m02 de hauteur.

427

D ▼ M ▼ S ▼
C ▼ MESSIVS ▼ EVLOGIVS
PIVS ▼ VIXIT ▼ ANN ▼ XXIII
MENSIB▼XI▼DIEBVS▼VII
LIGNT ▼

La dernière ligne est gravée en caractères hauts de 0^m04, plus grands que ceux du reste de l'inscription. Elle cache une formule que je ne crois pas connue.

IV. — Gamart

Gamart qu'on trouve écrit *Kelmart* dans les actes notariés des Arabes, nous fournit aussi des inscriptions latines.

428

Voici l'angle supérieur de droite d'une plaque de marbre blanc :

/////VS ▼ INGE
///// MEMORIA ▼ FEC //

Hauteur des lettres, 1re ligne, 0^m07 ; 2e ligne, 0^m06.

429

Puis un débris de plaque funéraire :

/////*vixit an*NIS—
///////VBLICV
////////T—

Hauteur des lettres, 0^m022. La dernière est peut-être un E ou un F.

V. — Sidi-Daoud

Ce village de Carthage, le plus pauvre jusqu'à présent en inscriptions, nous a fourni cependant ce débris de plaque de marbre blanc :

430

//////D////////
////PLE7/////
////STOD/////

Hauteur des lettres, 0^m035. La première de la seconde ligne est peut-être un S.

VI. — Le Kram

Là aussi quelques textes sont sortis du sol. D'abord, au revers d'une inscription chrétienne (V·KAL·IVN) on lit :

431

////ECIEM·R////
////PROCON////

Hauteur des lettres, 0ᵐ09. Cette inscription a été trouvée sur l'emplacement de l'hôpital militaire, où j'ai pu la copier, grâce à la bienveillance de M. Desbrousses, médecin en chef.

Les autres textes sont des épitaphes :

432

D   m   s
TITINI////////
VETE////////
C////////////

433

IVLIA·QVIETA
PIA·VIXIT·AN
NIS·XXXV·HIC
·SITA·EST

Hauteur des lettres, 0ᵐ025.

VII. — Bir-el-Djebbana

C'est sur ce terrain, voisin de l'amphithéâtre et situé en dehors de l'enceinte de la cité, que j'ai découvert deux cimetières réservés aux *officiales*, un cimetière chrétien, et une villa romaine avec thermes particuliers.

Inscriptions trouvées dans le premier cimetière païen :

434

DIS ß M ß S ß
VICTORIA PIA
VIXIT·AN XIII
H ß S ß E ß

435

D M S
P·PERELIVS
IVLIANVS
PIVS VIXSIT
ANNIS XXXXVI
(sic) MESNSIBVS XI

— 32 —

436
D M S
GAIVS · PIVS
VIXIT · AN
XXVII · M · VI

437
TERTIVS · CAESARIS · N ·
TABELLARIVS
PIVS · VIXIT · ANNIS · XXIIX
EVPRASIA · CONTVBERNAL ·
PIO ·　　　FECIT ·

438
D M S
VICTOR · SVPRA
IVMENTIS ⌑ CAES
PIVS ⌑ VIX ⌑ ANN ⌑ LX
H S E

439
D M S
EVPREPES
VIX · ANNIS
XXV ·

Epitaphes trouvées dans le second cimetière païen :

440
///////// M P
vixit ann. XXIII
///// TA CAST /
/// VIXIT ////

441
DIS · MANIBVS
SACRVM
GALLA · AVG · PIA · VIXIT
ANNIS · VII · H · S · E ·

442
S A /////
A M ////
P I /////

443
D · M s
CALE ////

445 (1)
DIS · MANIB ·
L · CASSIVS · L · F · AFRI
CANVS · PIVS
VIXIT · ANN · XXX
H · S E ·

446
///////// pedi
SEQuus ? pius vix. an.
LXX /////////

Partie inférieure d'une autre épitaphe, trouvée près de la voie ferrée :

447
//// CELLIVS SABINus
//// IR EIVS MERENti
FECIT

---

(1) Les lettres inclinées représentent la première moitié de l'inscription, trouvée, il y a plusieurs années, et publiée sous le n° 130, *Bulletin Epigraphique*, tom. III, 1883, p. 28.

Vienne, imp. Savigné

www.ingramcontent.com/pod-product-compliance
Lightning Source LLC
Chambersburg PA
CBHW061017050426
42453CB00009B/1497